IA en casa: Reinventando el aprendizaje de l@s niñ@s

Publicado por primera vez por Aussie Trading LLC
Copyright © 2025 por Juan Rodulfo
Todos los derechos reservados.
Ninguna parte de esta publicación puede ser reproducida, almacenada o transmitida en ninguna forma ni por ningún medio, electrónico, mecánico, fotocopia, grabación, escaneo o de otro modo sin el permiso por escrito del editor. Es ilegal copiar este libro, publicarlo en un sitio web o distribuirlo por cualquier otro medio sin permiso.
Juan Rodulfo no tiene ninguna responsabilidad por la persistencia o exactitud de las URL de sitios web de Internet externos o de terceros a los que se hace referencia en esta publicación y no garantiza que el contenido de dichos sitios web sea, o siga siendo, preciso o apropiado.
Los nombres utilizados por las empresas para distinguir sus productos a menudo se reivindican como marcas comerciales. Todas las marcas comerciales y nombres de productos utilizados en este libro y en su portada, nombres comerciales, marcas de servicio, marcas comerciales son marcas comerciales de sus respectivos propietarios. Los editores y el libro no están asociados con ninguno de los productos o proveedores mencionados en este libro. Ninguna de las empresas u organizaciones a las que se hace referencia en el libro lo ha respaldado.
Catálogo de la Biblioteca del Congreso
Nombres: Rodulfo, Juan
ISBN: 979-8-3493-3662-1 (e-book)
ISBN: 979-8-3493-3663-8 (paperback)
ISBN: 979-8-3493-3664-5 (hardcover)
Primera edición
Maquetación de Juan Rodulfo
Portada de Guaripete Solutions
Producción: Aussie Trading, LLC
books@aussietrading.ltd
Impreso en los EE. UU.

"La IA no reemplazará a los humanos, pero aquellos que usen la IA reemplazarán a los que no lo hagan".
Ginni Rometty

Introducción

La Inteligencia Artificial, comúnmente conocida como IA, abarca una gama de tecnologías que permiten a las máquinas realizar tareas que normalmente requieren inteligencia humana. Esto incluye la resolución de problemas, la comprensión del lenguaje natural, el reconocimiento de patrones y el aprendizaje de la experiencia. En el contexto de la educación, la IA puede ser particularmente transformadora, proporcionando experiencias de aprendizaje personalizadas que se adaptan a las necesidades individuales de los niños. Al aprovechar la IA, las herramientas educativas pueden evaluar el progreso de un niño en tiempo real, adaptando el contenido para garantizar que el aprendizaje sea efectivo y atractivo.

En esencia, la IA opera a través de algoritmos, que son conjuntos de reglas o instrucciones que guían a la máquina en el procesamiento de la información. Estos algoritmos pueden analizar grandes cantidades de datos, lo que permite a los sistemas de IA identificar tendencias y hacer predicciones. En los entornos educativos, las herramientas de IA pueden evaluar el rendimiento de un niño a lo largo del tiempo, identificando fortalezas y debilidades. Este enfoque basado en datos permite a los padres y educadores adaptar las estrategias de aprendizaje, asegurando que los estudiantes sean desafiados adecuadamente y, al mismo tiempo, reciban el apoyo que necesitan para tener éxito.

Uno de los componentes clave de la IA en la educación es el aprendizaje automático, un subconjunto de la IA que se centra en el desarrollo de sistemas que puedan aprender de los datos. Los algoritmos de aprendizaje automático mejoran su rendimiento a medida que están expuestos a más información. Por ejemplo, una aplicación educativa impulsada por IA podría adaptar sus cuestionarios en función de las respuestas anteriores de un niño, proporcionando preguntas más desafiantes cuando demuestren competencia u ofreciendo apoyo adicional cuando tengan dificultades. Este nivel de personalización puede mejorar significativamente el viaje de aprendizaje de un niño, haciéndolo más relevante y atractivo.

El procesamiento del lenguaje natural (PLN) es otro aspecto esencial de la IA que desempeña un papel vital en las herramientas educativas. El NLP permite a las máquinas comprender e interpretar el lenguaje humano, lo que permite experiencias de aprendizaje interactivas. Los niños pueden interactuar con los tutores de IA a través del lenguaje hablado o escrito, recibiendo comentarios y asistencia instantáneos. Esta interacción no solo hace que el aprendizaje sea más accesible, sino que también fomenta las habilidades de comunicación a medida que los niños articulan sus pensamientos y preguntas en un entorno de apoyo.

A medida que los padres navegan por el panorama de las herramientas educativas impulsadas por IA, es crucial comprender estos conceptos fundamentales. Al familiarizarse con el funcionamiento de la IA y sus posibles beneficios, los padres pueden tomar decisiones informadas sobre las herramientas que utilizan sus hijos. La adopción de la IA en la educación abre nuevas oportunidades para el aprendizaje personalizado, lo que permite a los niños explorar temas a su propio ritmo mientras reciben la orientación que necesitan para prosperar. A medida que la IA sigue evolucionando, su integración en el aprendizaje cotidiano remodelará sin duda las experiencias educativas de las generaciones futuras.

Capítulo 1: Comprender la IA en la educación

Cómo la IA está cambiando el aprendizaje

La integración de la inteligencia artificial en la educación está transformando el panorama tradicional del aprendizaje, ofreciendo herramientas innovadoras que satisfacen las diversas necesidades de los niños. Las herramientas educativas impulsadas por IA están diseñadas para adaptarse a los estilos y ritmos de aprendizaje individuales, lo que garantiza que cada niño reciba atención personalizada. Este enfoque de aprendizaje adaptativo ayuda a identificar fortalezas y debilidades, lo que permite a los educadores y padres adaptar estrategias de instrucción que promuevan una mejor comprensión y retención de la información. Al aprovechar el análisis de datos, estas herramientas pueden proporcionar información sobre el viaje de aprendizaje de un niño, lo que permite intervenciones oportunas que respaldan su crecimiento académico.

Una de las ventajas más significativas de la IA en el aprendizaje es la accesibilidad que proporciona. Los niños ahora pueden interactuar con el contenido educativo en cualquier momento y en cualquier lugar, rompiendo las barreras geográficas y socioeconómicas. Las plataformas de IA suelen incluir funciones interactivas, experiencias de aprendizaje gamificadas y recursos multimedia que hacen que el aprendizaje sea más atractivo y agradable. Esta flexibilidad no solo ayuda a adaptarse a los diferentes entornos de aprendizaje, sino que también empodera a los niños para que se apropien de su educación. Los padres pueden apoyar esta autonomía animando a sus hijos a explorar herramientas de IA que resuenen con sus intereses y preferencias de aprendizaje.

Además, la IA facilita la retroalimentación en tiempo real, lo cual es crucial para un aprendizaje efectivo. A diferencia de los métodos de evaluación tradicionales que pueden retrasar los resultados, las herramientas impulsadas por IA pueden analizar el rendimiento de un niño al instante, ofreciendo comentarios constructivos que ayudan a reforzar los conceptos. Esta inmediatez garantiza que los conceptos erróneos se aborden con prontitud, fomentando una mentalidad de crecimiento. Los padres pueden utilizar esta retroalimentación para participar en discusiones significativas con sus hijos sobre su progreso, reforzando la importancia de aprender de los errores y celebrar los logros, sin importar cuán pequeños sean.

Además de las experiencias de aprendizaje personalizadas, la IA también puede promover la colaboración entre los estudiantes. Las plataformas educativas de IA incluyen funciones que permiten a los niños trabajar juntos en proyectos o tareas de resolución de problemas, fomentando el trabajo en equipo y las habilidades de comunicación. Estas experiencias de aprendizaje colaborativo son vitales para desarrollar habilidades sociales y preparar a los niños para futuros entornos laborales. Los padres pueden animar a sus hijos a participar en estas actividades colaborativas, ayudándoles a establecer relaciones y aprender de sus compañeros mientras aprovechan los beneficios de la tecnología.

A medida que la IA siga evolucionando, sin duda desempeñará un papel aún más importante en la educación. Los padres deben mantenerse informados sobre los últimos desarrollos en herramientas de aprendizaje impulsadas por IA y participar activamente con sus hijos en este nuevo panorama educativo. Al comprender cómo funcionan estas tecnologías y sus beneficios potenciales, los padres pueden tomar decisiones informadas que mejoren las experiencias de aprendizaje de sus hijos. La adopción de la IA en la educación no solo apoya el éxito académico, sino que también prepara a los niños para un futuro en el que la tecnología y el aprendizaje están intrincadamente entrelazados.

El papel de los padres en la educación de la IA

La participación de los padres en la educación de sus hijos siempre ha sido fundamental y, a medida que la inteligencia artificial (IA) se integra cada vez más en las herramientas educativas, este papel está evolucionando. Los padres no son meros observadores pasivos, sino participantes activos en la navegación por las complejidades de los recursos de aprendizaje impulsados por la IA. Comprender cómo usar estas herramientas de manera efectiva puede mejorar la experiencia educativa de un niño, promover la participación y fomentar una perspectiva alegre hacia el aprendizaje. Al familiarizarse con las tecnologías de IA, los padres pueden guiar mejor a sus hijos en la utilización de estos recursos en su beneficio.

Una de las principales responsabilidades de los padres en la educación en IA es mantenerse informados sobre las diversas herramientas disponibles y sus funcionalidades. Esto incluye comprender cómo la IA puede personalizar las experiencias de aprendizaje, adaptarse al ritmo de aprendizaje único de un niño y proporcionar comentarios instantáneos. Los padres deben explorar plataformas educativas que aprovechen la IA para crear lecciones personalizadas, evaluar la comprensión y sugerir recursos que se alineen con el estilo de aprendizaje de sus hijos. Al saber qué herramientas existen, los padres pueden tomar decisiones informadas sobre cuáles apoyarán mejor las necesidades educativas de sus hijos.

Además, los padres desempeñan un papel crucial a la hora de establecer expectativas y límites en torno al uso de las herramientas de IA. Establecer pautas para el tiempo frente a la pantalla, fomentar los descansos y promover un enfoque equilibrado del uso de la tecnología puede ayudar a los niños a cosechar los beneficios y evitar posibles dificultades. Los padres deben tratar de crear un entorno en el que la tecnología sirva como un complemento al aprendizaje tradicional en lugar de un reemplazo. Este equilibrio puede ayudar a los niños a desarrollar el pensamiento crítico y las habilidades de pensamiento crítico, a medida que aprenden a navegar por los paisajes de aprendizaje tanto digitales como físicos.

La participación entre padres e hijos durante el proceso de aprendizaje es vital. Al participar activamente en la interacción de sus hijos con las herramientas educativas de IA, los padres pueden fomentar un ambiente de aprendizaje colaborativo. Esto puede implicar hablar sobre lo que el niño está aprendiendo, hacer preguntas sobre el material o incluso explorar las herramientas juntos. Tal participación no solo fortalece el vínculo entre padres e hijos, sino que también alienta a los niños a articular sus pensamientos y comprender el contenido más profundamente. Este diálogo puede ayudar a los padres a evaluar el progreso de sus hijos y adaptar su apoyo en consecuencia.

Por último, los padres deben abogar por un uso ético y responsable de la IA en la educación. A medida que las herramientas de IA continúan evolucionando, surgen preocupaciones sobre la privacidad de los datos y las implicaciones del aprendizaje automático en el desarrollo de los niños. Los padres deben educarse sobre estos temas e inculcar un sentido de responsabilidad en sus hijos con respecto al uso de la tecnología. Al discutir temas como la ciudadanía digital y la importancia de proteger la información personal, los padres pueden ayudar a sus hijos a navegar por el mundo digital de manera segura y ética. Este enfoque de toma de iniciativas empoderará a los niños para que no solo se conviertan en consumidores de tecnología de IA, sino también en usuarios informados y responsables.

"Va a ser interesante ver cómo la sociedad lidia con la inteligencia artificial, pero definitivamente será genial".

Colin Angle

Capítulo 2: Elección de las herramientas de IA adecuadas

Evaluación de aplicaciones educativas

La evaluación de aplicaciones educativas para niños requiere un enfoque reflexivo que tenga en cuenta múltiples factores, como el valor educativo, la participación del usuario y la idoneidad para el desarrollo. Los padres primero deben examinar la alineación del plan de estudios de la aplicación. Las aplicaciones están diseñadas para cumplir con estándares educativos específicos, lo que puede ayudar a garantizar que el contenido sea relevante y beneficioso para el aprendizaje de su hijo. Busque aplicaciones que se desarrollen en colaboración con educadores y expertos en desarrollo infantil, ya que es más probable que proporcionen contenido de calidad que se alinee con las necesidades de aprendizaje de su hijo.

La participación de los usuarios es otro aspecto crítico a tener en cuenta a la hora de evaluar las aplicaciones educativas. Una aplicación eficaz debe ser interactiva y atractiva, captar el interés de su hijo y promover el aprendizaje activo. Preste atención al diseño y la funcionalidad de la aplicación; Debe ser intuitivo y fácil de navegar para el grupo de edad de su hijo. Busque aplicaciones que incorporen elementos de gamificación, como recompensas o desafíos, ya que estos pueden motivar a los niños a volver a la aplicación con regularidad y reforzar el aprendizaje a través del juego.

La idoneidad del desarrollo es esencial a la hora de seleccionar una aplicación educativa. Cada niño es único y sus necesidades de aprendizaje variarán según la edad, el desarrollo cognitivo y los intereses personales. Los padres deben evaluar si la aplicación ofrece una variedad de niveles de dificultad o rutas de aprendizaje adaptativas que puedan adaptarse a diferentes niveles de habilidad. Una aplicación que permite experiencias de aprendizaje personalizadas puede ayudar a los niños a progresar a su propio ritmo, fomentando así un sentido de independencia y confianza en sus habilidades.

Otro factor principal a tener en cuenta son los mecanismos de retroalimentación y evaluación dentro de la aplicación. Las aplicaciones educativas de calidad brindan retroalimentación inmediata a los niños, ayudándolos a comprender sus errores y aprender de ellos. Además, algunas aplicaciones incluyen funciones de seguimiento del progreso que permiten a los padres controlar el desarrollo de sus hijos a lo largo del tiempo. Estos datos pueden ser invaluables para los padres que buscan apoyar el viaje de aprendizaje de sus hijos e identificar áreas en las que se puede necesitar un enfoque adicional.

Por último, los padres también deben tener en cuenta las medidas de privacidad y seguridad de los datos de la aplicación. Muchas aplicaciones educativas recopilan datos del usuario, por lo que es crucial asegurarse de que la aplicación cumpla con las regulaciones de privacidad y priorice la seguridad de la información de su hijo. Busque aplicaciones que brinden explicaciones claras de sus políticas de uso de datos y que ofrezcan controles parentales para administrar el acceso de su hijo. Al estar atentos a estos factores, los padres pueden tomar decisiones informadas que mejoren la experiencia de aprendizaje de sus hijos mientras navegan por el mundo cada vez más complejo de las herramientas educativas impulsadas por IA.

Plataformas para el aprendizaje personalizado

A medida que el panorama de la educación continúa evolucionando, las plataformas de aprendizaje personalizado han surgido como herramientas poderosas que satisfacen las necesidades únicas de cada niño. Estas plataformas utilizan la inteligencia artificial para evaluar los estilos de aprendizaje, las preferencias y el ritmo individuales, lo que permite una experiencia educativa personalizada de la que suelen carecer los métodos tradicionales. Los padres ahora se enfrentan a una gran cantidad de opciones, por lo que es esencial navegar por estas herramientas con una comprensión clara de sus funcionalidades y beneficios. Al aprovechar estas plataformas impulsadas por IA, los padres pueden mejorar significativamente el viaje de aprendizaje de sus hijos.

Una de las principales ventajas de las plataformas de aprendizaje personalizado es su capacidad para adaptar el contenido en tiempo real. A medida que los niños interactúan con las lecciones, estas plataformas analizan sus respuestas y ajustan el nivel de dificultad en consecuencia. Por ejemplo, si un niño tiene dificultades con un concepto matemático específico, la plataforma puede proporcionar recursos adicionales, problemas de práctica o incluso explicaciones alternativas para reforzar la comprensión. Este ciclo de retroalimentación inmediata no solo ayuda a la comprensión, sino que también fomenta una mentalidad de crecimiento, alentando a los niños a perseverar a través de los desafíos mientras se sienten apoyados en su aprendizaje.

Además, las plataformas de aprendizaje personalizado suelen contar con una variedad de recursos multimedia que se adaptan a diferentes estilos de aprendizaje. Los estudiantes visuales pueden beneficiarse de los videos y las simulaciones interactivas, mientras que los estudiantes auditivos pueden prosperar con podcasts y lecciones de audio. Los estudiantes cinestésicos, que captan conceptos a través del movimiento y actividades de primera mano, pueden encontrar tareas atractivas que se ajusten a sus necesidades. Al ofrecer una amplia gama de materiales, estas plataformas garantizan que todos los niños tengan la oportunidad de interactuar con el contenido de una manera que resuene con ellos, promoviendo una comprensión y retención más profundas.

Además, las plataformas de aprendizaje personalizado brindan a los padres información valiosa sobre el progreso de sus hijos. Muchas plataformas incluyen paneles que realizan un seguimiento de las métricas de rendimiento, lo que permite a los padres monitorear fácilmente las fortalezas y las áreas de mejora. Esta transparencia no solo ayuda a los padres a mantenerse informados, sino que también fomenta el diálogo abierto sobre las experiencias de aprendizaje. Al discutir los datos juntos, los padres pueden colaborar con sus hijos para establecer metas alcanzables, celebrar hitos y elaborar estrategias para superar obstáculos, reforzando así la importancia de un entorno de aprendizaje de apoyo en casa.

En conclusión, las plataformas de aprendizaje personalizado representan un avance significativo en la tecnología educativa, ya que ofrecen experiencias personalizadas que pueden beneficiar enormemente a los niños. Al comprender las capacidades y características de estas herramientas, los padres pueden tomar decisiones informadas que se alineen con las necesidades de aprendizaje de sus hijos. A medida que la IA continúa dando forma al futuro de la educación, la adopción de estas plataformas permitirá a los padres cultivar un viaje de aprendizaje más atractivo, efectivo y personalizado para sus hijos, transformando en última instancia la forma en que experimentan la educación en casa.

Consideraciones de seguridad y privacidad

A medida que los padres adoptan cada vez más herramientas educativas impulsadas por IA para sus hijos, comprender las consideraciones de seguridad y privacidad se vuelve primordial. La integración de la inteligencia artificial en los entornos educativos aporta numerosos beneficios, como experiencias de aprendizaje personalizadas y entrega de contenidos adaptativos. Sin embargo, estas ventajas deben equilibrarse con los riesgos potenciales para la seguridad y la privacidad de los niños. Los padres deben estar bien informados sobre estas consideraciones para tomar decisiones informadas con respecto a las herramientas que integran en los entornos de aprendizaje de sus hijos.

Uno de los principales problemas de seguridad asociados a las herramientas de IA es el riesgo de exposición a contenidos inapropiados. Muchas plataformas educativas utilizan algoritmos para seleccionar contenido para niños, pero siempre existe la posibilidad de errores en el filtrado de contenido. Los padres deben investigar los mecanismos que emplea cada herramienta para garantizar que el material sea apropiado para su edad. Además, el monitoreo regular del contenido al que acceden los niños puede ayudar a mitigar el riesgo de exposición a información dañina o inadecuada, lo que permite una experiencia de aprendizaje más segura.

La privacidad es otro aspecto crítico que los padres deben abordar al seleccionar herramientas educativas impulsadas por IA. Estas plataformas a menudo recopilan datos sobre las interacciones de los usuarios para mejorar la personalización y mejorar los resultados educativos. Los padres deben revisar cuidadosamente las políticas de privacidad para comprender qué datos se recopilan, cómo se usan y si se comparten con terceros. La transparencia en las prácticas de manejo de datos es esencial, al igual que la capacidad de los padres para controlar o eliminar los datos de sus hijos cuando sea necesario.

Además, los padres deben ser conscientes de las restricciones de edad y los requisitos de consentimiento asociados con diversas herramientas educativas. Muchas plataformas están diseñadas teniendo en cuenta grupos de edad específicos, y el cumplimiento de regulaciones como la Ley de Protección de la Privacidad en Línea de los Niños (COPPA) es crucial. Estas regulaciones están destinadas a proteger las experiencias en línea de los niños, asegurando que su información esté salvaguardada. Al elegir plataformas que se adhieran a estos estándares, los padres pueden ayudar a crear un entorno de aprendizaje digital seguro para sus hijos.

Por último, es vital fomentar la comunicación abierta sobre la seguridad y la privacidad con los niños. Educar a los niños sobre la importancia de proteger su información personal puede empoderarlos para navegar por los espacios digitales de manera más responsable. Fomentar las discusiones sobre la seguridad en línea, incluido el reconocimiento de actividades sospechosas y la comprensión de las implicaciones de compartir información personal, ayudará a los niños a convertirse en usuarios más conscientes y cautelosos de las herramientas educativas impulsadas por IA. Al tomar estas medidas proactivas, los padres pueden mejorar la experiencia general de aprendizaje y, al mismo tiempo, salvaguardar el bienestar de sus hijos en un panorama educativo cada vez más digital.

Herramientas de IA divertidas y educativas para que los niños las usen en casa

La Inteligencia Artificial (IA) está transformando la forma en que los niños aprenden, juegan y exploran ideas innovadoras. Con la orientación adecuada, las herramientas impulsadas por IA pueden ayudar a los niños a desarrollar la creatividad, las habilidades para resolver problemas e incluso mejorar su rendimiento académico. Sin embargo, la supervisión de los padres es esencial para garantizar un uso seguro y productivo.

Estas son algunas herramientas de IA para niños que se pueden utilizar en casa bajo la orientación de los padres:

1. Asistentes de aprendizaje impulsados por IA

a. Khan Academy Kids (2-8 años)

Qué hace: Ofrece lecciones interactivas de matemáticas, lectura y aprendizaje socioemocional.
Función de IA: Se adapta al ritmo de aprendizaje del niño.
Rol de los padres: Los padres pueden realizar un seguimiento del progreso y establecer metas de aprendizaje.

b. Duolingo ABC (de 3 a 6 años)

Qué hace: Ayuda a los niños pequeños a aprender a leer y escribir a través de lecciones gamificadas.
Función de IA: Ajusta la dificultad en función del rendimiento.

Rol de los padres: Los padres pueden monitorear el progreso y fomentar la práctica diaria.

c. Socrático de Google (Edades 10+)

Qué hace: Ayuda con la tarea respondiendo preguntas a través de IA (matemáticas, ciencias, historia).
Función de IA: utiliza el reconocimiento de imágenes para resolver problemas.
Rol de los padres: Supervise el uso para asegurarse de que los niños intenten resolver problemas primero antes de confiar en la IA.

2. Herramientas creativas de IA para niños

un. Canva para niños (6+ años)

Qué hace: Una versión simplificada de Canva donde los niños pueden diseñar pósteres, tarjetas y animaciones simples.
Función de IA: sugerencias de diseño impulsadas por IA.
Rol parental: Ayude a los niños a navegar por la herramienta y fomente proyectos creativos.

b. DALL· E Mini *(Edades 8+ con supervisión)*

Qué hace: Genera imágenes divertidas basadas en indicaciones de texto (por ejemplo, "un gato con una capa de superhéroe").

Función de IA: utiliza la IA para crear obras de arte únicas.

Rol parental: supervise las indicaciones para garantizar que el contenido sea adecuado.

c. Boomy *(Edades 10+)*

Qué hace: Permite a los niños crear su propia música usando IA.

Función de IA: Genera ritmos y melodías según las preferencias.

Rol de los padres: Ayudar a explorar la creación musical de manera segura.

3. Codificación de IA y robótica para niños

a. Scratch *(Edades 5+)*

Qué hace: Una plataforma de codificación basada en bloques desarrollada por el MIT.

Función de IA: Algunas extensiones permiten la integración de IA (por ejemplo, reconocimiento de voz).

Papel de los padres: Ayude a los niños a comprender los conceptos básicos de codificación.

b. Cognimates (Edades 7+)

Qué hace: Plataforma impulsada por IA donde los niños pueden entrenar sus propios modelos de IA, codificar juegos e interactuar con robots.
Función de IA: Enseña los conceptos básicos del aprendizaje automático de una manera amigable para los niños.
Rol de los padres: Guíe a los niños a través de experimentos de IA.

c. LEGO Mindstorms (Edades 9+)

Lo que hace: Combina la robótica de LEGO con una sencilla programación de IA.
Función de IA: Los niños pueden programar robots para que respondan a la voz o al movimiento.
Rol parental: Ayudar en la construcción y codificación de proyectos.

4. Ayudantes de narración y escritura de IA

a. Storybird (Edades 6+)

Qué hace: Ayuda a los niños a escribir e ilustrar historias con indicaciones generadas por IA.
Función de IA: Sugiere ideas para historias y obras de arte.
Rol de los padres: Fomentar la narración de historias y revisar el contenido.

b. ChatGPT (Edades 10+ con supervisión)

Qué hace: Ayuda a los niños a hacer una lluvia de ideas sobre historias, explicar conceptos o practicar la escritura.
Función de IA: IA conversacional que responde a las indicaciones.
Rol parental: Supervise las interacciones para garantizar un uso adecuado.

Consejos de seguridad para los padres que usan la IA con los niños:

✓ Supervise el uso: verifique siempre lo que los niños están haciendo con las herramientas de IA.

- ✓ Establecer límites de tiempo: equilibre el tiempo frente a la pantalla con las actividades fuera de línea.
- ✓ Fomentar la creatividad: utilice la IA como una herramienta, no como un sustituto del pensamiento.
- ✓ Consulte las políticas de privacidad: asegúrese de que la herramienta cumpla con COPPA (segura para niños).

Reflexiones finales

La IA puede ser una fantástica herramienta educativa y creativa para los niños cuando se utiliza de forma responsable. Al explorar juntos estas plataformas impulsadas por IA, los padres pueden ayudar a sus hijos a aprender, crear e innovar de una manera divertida y segura.

Nota: Revisa siempre las herramientas de IA antes de presentárselas a los niños, ya que algunas pueden tener restricciones de edad o requerir cuentas. La participación de los padres garantiza una experiencia positiva y segura.

Capítulo 3: Integración de la IA en el aprendizaje diario

Configuración de un entorno de aprendizaje

Crear un entorno de aprendizaje propicio es esencial para maximizar los beneficios de las herramientas educativas impulsadas por IA para los niños. El primer paso para configurar este entorno es designar un área específica de su hogar que sea tranquila, bien iluminada y libre de distracciones. Este espacio debe ser cómodo y estar equipado con los suministros necesarios, como cuadernos, instrumentos de escritura y acceso a una computadora o tableta. Asegurarse de que esta área esté organizada y sea acogedora puede mejorar significativamente el enfoque y la motivación de su hijo para participar en sus materiales de aprendizaje.

Equipar el espacio de aprendizaje con la tecnología adecuada es crucial. Asegúrese de que los dispositivos utilizados sean compatibles con las herramientas educativas que utilizará su hijo. Esto incluye la instalación de software y aplicaciones necesarias que mejoren las experiencias de aprendizaje, como plataformas interactivas o sistemas de tutoría impulsados por IA. Además, mantener una conexión a Internet estable es vital para el acceso ininterrumpido a estos recursos. Al invertir en tecnología confiable, establece las bases para que su hijo explore y aprenda de manera efectiva.

Incorporar una rutina en el entorno de aprendizaje puede mejorar aún más la experiencia educativa de su hijo. Establecer horarios específicos para las actividades de aprendizaje ayuda a crear un enfoque estructurado, lo cual es beneficioso para muchos niños. Esta rutina puede incluir pausas para evitar el agotamiento y tiempo asignado a diferentes materias o actividades, lo que permite el uso de diversas herramientas de IA para diversificar el aprendizaje. Al ser coherentes con este horario, los niños pueden desarrollar un poderoso sentido de responsabilidad y compromiso con su educación.

La participación de los padres juega un papel importante en la optimización del entorno de aprendizaje. Interactuar activamente con su hijo durante sus sesiones de aprendizaje puede ayudarlo a evaluar su comprensión e intereses. Fomentar las discusiones sobre las herramientas educativas que están utilizando también puede fomentar una conexión más profunda con el material. Al mostrar un interés genuino y brindar apoyo, puede aumentar la confianza y el entusiasmo de su hijo por aprender, haciendo que la experiencia sea más agradable y efectiva.

Por último, fomentar una mentalidad de crecimiento es esencial para superar los retos que pueden surgir al utilizar herramientas educativas impulsadas por la IA. Anime a su hijo a ver los errores como oportunidades de aprendizaje en lugar de contratiempos. Celebrar sus logros, por pequeños que sean, puede aumentar la motivación y la resiliencia. Al inculcar una actitud positiva hacia el aprendizaje, ayuda a su hijo a desarrollar las habilidades necesarias para adaptarse a tecnologías y metodologías educativas innovadoras, mejorando en última instancia su experiencia de aprendizaje general.

Establecer una rutina con herramientas de IA

Establecer una rutina con herramientas de IA puede crear un entorno de aprendizaje estructurado que beneficie las experiencias educativas de los niños. Al integrar estas herramientas en las actividades diarias, los padres pueden mejorar la participación y la motivación de sus hijos. Una rutina bien definida ayuda a los niños a comprender las expectativas y fomenta una sensación de seguridad, que es esencial para un aprendizaje eficaz. La incorporación de herramientas educativas impulsadas por IA en esta rutina puede respaldar el aprendizaje personalizado, lo que facilita que los niños comprendan conceptos complejos y desarrollen habilidades críticas.

Para empezar, los padres deben evaluar los estilos y preferencias individuales de aprendizaje de sus hijos. Esta comprensión guiará la selección de herramientas de IA adecuadas que se alineen con sus necesidades educativas. Por ejemplo, algunos niños pueden prosperar con plataformas de aprendizaje interactivo que gamifican la educación, mientras que otros pueden preferir programas más estructurados que se centren en el dominio de habilidades. Al identificar estas preferencias, los padres pueden crear una rutina personalizada que incorpore herramientas específicas de IA, asegurando que el aprendizaje siga siendo atractivo y relevante para cada niño.

Una vez que se seleccionan las herramientas adecuadas, es crucial establecer un cronograma consistente. Este cronograma debe incluir horarios designados para el uso de herramientas de IA, intercalados con descansos y otras actividades para evitar el agotamiento. La constancia refuerza la importancia de la educación y ayuda a los niños a desarrollar la autodisciplina. Los padres pueden colaborar con sus hijos para establecer objetivos realistas para cada sesión, asegurándose de que el tiempo dedicado a utilizar las herramientas de IA sea productivo y esté alineado con sus objetivos generales de aprendizaje.

Fomentar la participación de los padres en la rutina puede mejorar aún más la eficacia de las herramientas de IA. Los padres pueden participar en sesiones de aprendizaje, brindar orientación y participar en discusiones sobre el material que se está tratando. Esta participación no solo refuerza el aprendizaje del niño, sino que también fortalece el vínculo entre padres e hijos. Además, los padres pueden monitorear el progreso a través de los análisis que a menudo proporcionan las herramientas de IA, lo que les permite abordar cualquier desafío con prontitud y ajustar la rutina según sea necesario para satisfacer las necesidades cambiantes de sus hijos.

Por último, la flexibilidad es fundamental a la hora de establecer una rutina con herramientas de IA. Si bien la consistencia es importante, los padres deben permanecer abiertos a adaptar el horario en función de los intereses y comentarios de sus hijos. Esta adaptabilidad puede ayudar a mantener el entusiasmo por el aprendizaje y permitir la incorporación de nuevas herramientas educativas a medida que estén disponibles. Al fomentar un entorno de aprendizaje dinámico y receptivo, los padres pueden maximizar los beneficios de las herramientas educativas impulsadas por IA y, en última instancia, transformar la experiencia de aprendizaje de sus hijos en casa.

Fomentar el aprendizaje independiente

Fomentar el aprendizaje autónomo en los niños es un aspecto vital de su trayectoria educativa, especialmente en una época en la que la tecnología ofrece un acceso sin precedentes a la información y los recursos. Los padres juegan un papel crucial en el fomento de esta independencia al crear un entorno que promueve la exploración y el estudio autodirigido. Un enfoque eficaz es introducir herramientas educativas impulsadas por IA que se adapten al estilo y ritmo de aprendizaje del niño. Estas herramientas pueden proporcionar experiencias de aprendizaje personalizadas, lo que permite a los niños hacerse cargo de su educación y desarrollar habilidades de pensamiento crítico.

Para fomentar el aprendizaje independiente, los padres primero deben evaluar los intereses y fortalezas de sus hijos. Al comprender qué cautiva la atención de sus hijos, los padres pueden seleccionar plataformas y recursos basados en IA que se alineen con estos intereses. Por ejemplo, si a un niño le fascina la ciencia, los padres pueden presentarle programas interactivos de IA que ofrezcan experimentos o simulaciones. Este enfoque personalizado no solo mejora la participación, sino que también anima a los niños a buscar conocimientos de forma proactiva, fomentando un sentido de propiedad sobre su aprendizaje.

Además, establecer una rutina que incluya tiempos de estudio designados puede mejorar significativamente el aprendizaje independiente. Los padres pueden animar a sus hijos a establecer metas para cada sesión, ya sea completar un módulo específico en una aplicación educativa o explorar un nuevo concepto. Al guiar a los niños a planificar sus actividades de aprendizaje, los padres les ayudan a desarrollar habilidades de gestión del tiempo y la capacidad de priorizar las tareas. Esta estructura, combinada con la flexibilidad de las herramientas de IA, permite a los niños perseguir sus intereses mientras aprenden a gestionar sus responsabilidades.

Fomentar la reflexión es otro componente esencial del aprendizaje independiente. Después de interactuar con las herramientas educativas de IA, los padres pueden incitar a sus hijos a discutir lo que aprendieron, los desafíos que enfrentaron y cómo los superaron. Esta práctica no solo refuerza los conocimientos adquiridos, sino que también cultiva las habilidades metacognitivas, ayudando a los niños a ser más conscientes de sus procesos de aprendizaje. Al fomentar una cultura de reflexión, los padres empoderan a sus hijos para que evalúen su progreso y adapten sus estrategias para futuros esfuerzos de aprendizaje.

Por último, los padres deben celebrar los éxitos, tanto grandes como pequeños, para motivar a sus hijos en su viaje de aprendizaje independiente. Reconocer los logros, ya sea a través de elogios verbales o pequeñas recompensas, refuerza el comportamiento positivo y fomenta la exploración continua. A medida que los niños adquieren confianza en sus habilidades, es más probable que acepten los desafíos y busquen nuevas oportunidades de aprendizaje. Al apoyar el aprendizaje independiente de sus hijos con las herramientas y el estímulo adecuados, los padres pueden ayudar a cultivar un amor por el aprendizaje de por vida que les servirá mucho más allá de sus años de formación.

"A algunas personas les preocupa que la inteligencia artificial nos haga sentir inferiores, pero entonces, cualquiera en su sano juicio debería tener un complejo de inferioridad cada vez que mira una flor".
Alan Kay

Capítulo 4: Mejorar el aprendizaje con IA

Experiencias de aprendizaje interactivas

Las experiencias de aprendizaje interactivo se han vuelto cada vez más prominentes en el panorama de la educación, particularmente con la integración de herramientas impulsadas por IA. Estas experiencias involucran a los niños de maneras que los métodos tradicionales no pueden, fomentando una comprensión más profunda de los conceptos y mejorando la retención. Al aprovechar la tecnología, los padres pueden brindar a sus hijos oportunidades para explorar temas a través de simulaciones interactivas, juegos educativos y plataformas de aprendizaje personalizadas que se adaptan a sus estilos y ritmos de aprendizaje únicos.

Una ventaja significativa de las herramientas educativas impulsadas por IA es su capacidad para crear experiencias de aprendizaje personalizadas. Estas herramientas pueden evaluar las fortalezas y debilidades de un niño en tiempo real, ajustando el contenido en consecuencia. Por ejemplo, la IA puede identificar áreas específicas en las que un niño tiene dificultades con los conceptos matemáticos y ofrecer ejercicios específicos o explicaciones alternativas que resuenen con su comprensión. Este enfoque individualizado no solo genera confianza, sino que también motiva a los niños a participar más activamente en sus estudios.

Las experiencias de aprendizaje interactivo también promueven la colaboración y la comunicación entre compañeros. Muchas plataformas basadas en IA incorporan funciones que permiten a los niños trabajar juntos en proyectos o desafíos, incluso cuando no están físicamente en el mismo lugar. Este entorno colaborativo fomenta habilidades sociales esenciales como el trabajo en equipo, la resolución de problemas y el pensamiento crítico. Los padres pueden animar a sus hijos a participar en estos entornos interactivos, reforzando la idea de que el aprendizaje puede ser un esfuerzo comunitario y agradable.

Además, la incorporación de la gamificación en las herramientas educativas potencia la motivación y el compromiso. Al convertir las lecciones en juegos, es más probable que los niños se sumerjan en el proceso de aprendizaje. Los puntos, las insignias y las recompensas pueden crear una sensación de logro, haciendo que el viaje educativo se sienta menos como una tarea y más como una aventura. Los padres deben buscar plataformas que utilicen la gamificación de manera efectiva, ya que puede aumentar significativamente el deseo de sus hijos de aprender y explorar nuevos temas.

Por último, las experiencias de aprendizaje interactivo suelen ir más allá de la pantalla. Las herramientas impulsadas por IA fomentan actividades de primera mano que refuerzan las lecciones digitales, cerrando la brecha entre el aprendizaje virtual y físico. Por ejemplo, una aplicación de ciencias puede incitar a los niños a realizar experimentos sencillos en casa, lo que les permite ver aplicaciones de sus estudios en el mundo real. Al apoyar estas experiencias interactivas, los padres pueden ayudar a cultivar un amor por el aprendizaje que durará toda la vida, equipando a sus hijos con las habilidades que necesitan para prosperar en un mundo cada vez más impulsado por la tecnología.

Uso de la IA para la ayuda con los deberes

El uso de la IA para ayudar con los deberes se ha convertido en un método cada vez más popular para los padres que buscan mejorar la experiencia de aprendizaje de sus hijos. A medida que la tecnología educativa continúa avanzando, las herramientas impulsadas por IA ofrecen asistencia personalizada que puede adaptarse a los estilos y necesidades de aprendizaje individuales. Estas aplicaciones pueden proporcionar explicaciones, ejemplos y problemas de práctica, ayudando a los estudiantes a comprender conceptos complejos de manera más efectiva. Los padres pueden aprovechar estas herramientas para apoyar las rutinas de tareas de sus hijos, asegurándose de que entiendan el material y ganen confianza en sus habilidades.

Una de las ventajas más significativas de utilizar la IA para la ayuda con los deberes es la accesibilidad que proporciona. Con una variedad de plataformas disponibles, los estudiantes pueden acceder a ayuda en cualquier momento y en cualquier lugar, rompiendo las limitaciones de las sesiones de tutoría tradicionales. Las herramientas de IA pueden analizar el progreso de un niño, identificar áreas de dificultad y ofrecer recursos personalizados para abordar esos desafíos. Este ciclo de retroalimentación inmediata es invaluable, ya que permite a los estudiantes trabajar a su propio ritmo mientras reciben el apoyo que necesitan para tener éxito en sus estudios.

Además, la ayuda con los deberes impulsada por la IA puede fomentar el aprendizaje independiente. A medida que los estudiantes se involucran con estas herramientas, desarrollan pensamiento crítico y habilidades de pensamiento crítico al enfrentar los desafíos por su cuenta. Esto fomenta un sentido de propiedad sobre su educación, empoderándolos para buscar respuestas y explorar temas más allá de los límites de su plan de estudios. Los padres pueden facilitar este viaje presentando a sus hijos recursos fiables de IA y animándoles a utilizar estas herramientas como complemento a los métodos de aprendizaje tradicionales.

Si bien la integración de la IA en la ayuda con las tareas puede generar numerosos beneficios, es esencial que los padres permanezcan activamente involucrados en el proceso de aprendizaje de sus hijos. El seguimiento del uso de estas herramientas garantiza que los estudiantes no confíen únicamente en la IA para obtener respuestas, sino que se involucren con el material de forma significativa. Los padres pueden hablar de las tareas con sus hijos, animándoles a pensar de forma crítica sobre la información que proporcionan las herramientas de IA. Este diálogo no solo refuerza el aprendizaje, sino que también fortalece la relación entre padres e hijos a medida que colaboran en los desafíos educativos.

En conclusión, la IA para ayudar con los deberes representa una oportunidad transformadora para mejorar las experiencias educativas de los niños. Al utilizar herramientas impulsadas por IA, los padres pueden proporcionar a sus hijos los recursos que necesitan para prosperar académicamente. Sin embargo, es crucial equilibrar el uso de la tecnología con la participación activa de los padres para fomentar un enfoque integral del aprendizaje. Adoptar la IA como un socio educativo de apoyo puede ayudar a los niños a desarrollar las habilidades necesarias para tener éxito en un mundo cada vez más digital, al tiempo que garantiza que sigan siendo aprendices comprometidos y curiosos.

Gamificación y aprendizaje

La gamificación es una estrategia poderosa que aprovecha los elementos de diseño del juego para mejorar las experiencias educativas. En el contexto de las herramientas de aprendizaje impulsadas por IA, la gamificación puede involucrar a los niños de maneras que los métodos de enseñanza tradicionales a menudo no pueden. Al incorporar elementos como puntos, niveles y recompensas, estas herramientas crean un entorno interactivo que motiva a los niños a participar activamente en su viaje de aprendizaje. Este enfoque no solo hace que la educación sea agradable, sino que también alienta a los niños a aceptar los desafíos y desarrollar una mentalidad de crecimiento.

Los niños se sienten naturalmente atraídos por los juegos, lo que hace que la gamificación sea un método eficaz para captar su atención. Cuando el contenido educativo se presenta en un formato similar a un juego, resuena con el deseo inherente de los niños por el juego y la exploración. Las herramientas educativas impulsadas por IA pueden personalizar la experiencia de aprendizaje adaptándose a las preferencias y el ritmo de aprendizaje únicos de cada niño. Este enfoque personalizado garantiza que los niños permanezcan comprometidos y motivados, a medida que avanzan a través de desafíos adecuados a sus niveles de habilidad individuales.

Además, la gamificación fomenta habilidades esenciales como el pensamiento crítico, la resolución de problemas y la colaboración. Muchas plataformas de aprendizaje gamificado incorporan funciones multijugador, lo que permite a los niños trabajar juntos para resolver problemas o completar tareas. Este aspecto colaborativo no solo mejora las habilidades sociales, sino que también enseña a los niños la importancia del trabajo en equipo y la comunicación. A medida que navegan a través de los desafíos, aprenden a elaborar estrategias, negociar y apoyarse mutuamente, habilidades que son cada vez más vitales en el mundo interconectado de hoy.

La retroalimentación inmediata que proporcionan los sistemas gamificados es otra ventaja significativa. En los entornos educativos tradicionales, los niños a menudo reciben retroalimentación solo después de completar las tareas o los exámenes. Sin embargo, las herramientas gamificadas impulsadas por IA ofrecen respuestas en tiempo real que ayudan a los niños a comprender sus errores y aprender de ellos al instante. Este refuerzo inmediato ayuda a retener el conocimiento y fomenta un ciclo continuo de aprendizaje y mejora. A medida que los niños reciben recompensas por sus logros, experimentan una sensación de logro que impulsa aún más su motivación.

Si bien la gamificación presenta numerosos beneficios, es esencial que los padres guíen a sus hijos para navegar por estas herramientas de manera efectiva. Establecer límites en el tiempo frente a la pantalla, fomentar los descansos y fomentar las discusiones sobre lo que aprenden puede ayudar a garantizar que la experiencia de juego siga siendo educativa. Los padres también deben desempeñar un papel activo en la selección de herramientas gamificadas adecuadas que se alineen con los objetivos educativos de sus hijos. Al participar activamente en el proceso de aprendizaje de sus hijos y comprender el papel de la gamificación, los padres pueden ayudar a crear un entorno educativo equilibrado y enriquecedor que aproveche el poder de la IA.

"La IA es la nueva electricidad".
Andrés Ng

Capítulo 5: Apoyo a las diversas necesidades de aprendizaje

IA para diferentes estilos de aprendizaje

La Inteligencia Artificial (IA) tiene el potencial de revolucionar la forma en que los niños aprenden al adaptarse a varios estilos de aprendizaje. Comprender que cada niño tiene una forma única de procesar la información es crucial para los padres que buscan mejorar su experiencia educativa. Las herramientas impulsadas por IA pueden analizar los hábitos de aprendizaje, las preferencias y los desafíos de un niño, lo que permite enfoques educativos personalizados que se adaptan a los estudiantes visuales, auditivos, de lectura/escritura y cinestésicos. Al aprovechar estas tecnologías, los padres pueden asegurarse de que sus hijos reciban apoyo personalizado que se alinee con sus necesidades individuales.

Para los estudiantes visuales, las herramientas de IA pueden proporcionar contenido interactivo y visualmente estimulante que ayuda a la comprensión. Los programas que incorporan gráficos, videos e infografías pueden ayudar a estos niños a comprender conceptos complejos más fácilmente. Por ejemplo, las plataformas impulsadas por IA pueden generar ayudas visuales personalizadas basadas en el plan de estudios de un niño, convirtiendo ideas abstractas en imágenes concretas que resuenan con su estilo de aprendizaje. Los padres pueden buscar aplicaciones educativas que enfaticen la narración visual y las representaciones gráficas, lo que hace que el aprendizaje sea más atractivo y eficaz para sus hijos orientados visualmente.

Los estudiantes auditivos prosperan con la escucha y la interacción verbal. La IA puede mejorar su experiencia de aprendizaje al ofrecer funciones como tecnología asistida por voz y lecciones de audio interactivas. Estas herramientas pueden leer texto en voz alta, proporcionar explicaciones habladas e incluso participar en la práctica conversacional, todo lo cual puede ayudar a los estudiantes auditivos a absorber la información más a fondo. Los padres pueden explorar aplicaciones de IA que se centren en la adquisición del lenguaje y la narración de historias, donde los niños pueden escuchar narraciones y participar en discusiones, reforzando su comprensión a través de medios auditivos.

Para aquellos que sobresalen en lectura y escritura, la IA puede ayudar proporcionando herramientas que se adapten a sus habilidades de alfabetización. El software educativo impulsado por IA puede sugerir materiales de lectura e indicaciones de escritura que se adapten al nivel de competencia de un niño, animándolo a explorar la literatura a su propio ritmo. Además, algunas plataformas están equipadas con correctores gramaticales y de estilo que proporcionan comentarios en tiempo real, lo que ayuda a los jóvenes escritores a perfeccionar sus habilidades. Los padres pueden guiar a sus hijos hacia recursos de IA que cultiven el amor por la lectura y la escritura, asegurándose de que tengan las herramientas necesarias para expresarse de manera efectiva.

Los estudiantes cinestésicos requieren experiencia directa para participar plenamente en el contenido educativo. La tecnología de IA puede atender a estos estudiantes integrando la gamificación y las simulaciones interactivas en sus procesos de aprendizaje. Los juegos educativos impulsados por IA pueden proporcionar desafíos del mundo real que fomentan la resolución de problemas y el pensamiento crítico, lo que permite a los estudiantes cinestésicos aplicar sus conocimientos en escenarios prácticos. Los padres deben buscar herramientas mejoradas con IA que promuevan la participación activa, asegurando que sus hijos puedan aprender a través del movimiento y la exploración, lo que se alinea con sus preferencias naturales de aprendizaje.

Abordando las Necesidades Educativas Especiales

Abordar las necesidades educativas especiales es un aspecto fundamental para aprovechar las herramientas educativas impulsadas por la IA para mejorar la experiencia de aprendizaje de todos los niños, en particular de aquellos que requieren apoyo adicional. Como padres, es esencial comprender cómo se pueden adaptar estas herramientas para satisfacer las necesidades únicas de su hijo. La tecnología de IA puede ofrecer experiencias de aprendizaje personalizadas que se adapten a los estilos de aprendizaje, el ritmo y los desafíos específicos individuales, lo que garantiza que todos los niños puedan beneficiarse de las oportunidades educativas disponibles.

Las herramientas de IA pueden ser increíblemente eficaces para identificar y abordar las necesidades específicas de los niños con dificultades de aprendizaje. Estas plataformas a menudo utilizan evaluaciones basadas en datos para evaluar las fortalezas y debilidades de un niño, lo que permite un plan de aprendizaje personalizado que se enfoca en áreas que requieren atención adicional. Por ejemplo, los niños con dislexia pueden beneficiarse de las aplicaciones de lectura impulsadas por IA que incorporan ejercicios de conciencia fonética, mientras que aquellos con dificultades de atención pueden prosperar en entornos que utilizan la gamificación para mantener la participación.

Además, la adaptabilidad de las herramientas de IA va más allá de los contenidos académicos. Muchas aplicaciones tienen funciones que ayudan a los niños con discapacidades. La tecnología de reconocimiento de voz, por ejemplo, puede ayudar a los niños que tienen dificultades con la escritura al permitirles dictar sus pensamientos e ideas. Del mismo modo, las ayudas visuales y las simulaciones interactivas pueden ayudar a los estudiantes con dificultades del procesamiento sensorial a involucrarse más plenamente con el material, haciendo que el aprendizaje sea una experiencia más inclusiva.

La participación de los padres sigue siendo crucial en este proceso. Como padres, tienen la oportunidad de colaborar con educadores y desarrolladores de herramientas de IA para garantizar que la tecnología que se utiliza se alinee con las necesidades específicas de su hijo. La comunicación regular con los maestros puede proporcionar información sobre el progreso de su hijo y la efectividad de las herramientas que se emplean. Además, participar en talleres o foros centrados en las necesidades educativas especiales puede dotarlo de los conocimientos necesarios para abogar por su hijo y tomar decisiones informadas sobre el uso de las herramientas de IA.

En conclusión, abordar las necesidades educativas especiales a través de herramientas educativas impulsadas por IA requiere un enfoque multifacético que combine la tecnología, la participación de los padres y la colaboración con los educadores. Al adoptar estas herramientas y comprender cómo se pueden adaptar al viaje de aprendizaje único de su hijo, puede desempeñar un papel fundamental en la transformación de su experiencia educativa. Este compromiso de tomar iniciativas no solo empodera a su hijo, sino que también fomenta un entorno de aprendizaje de apoyo que valora la diversidad y la inclusión en la educación.

Aprendizaje de idiomas con IA

El aprendizaje de idiomas ha sido tradicionalmente un proceso laborioso, que a menudo requiere un tiempo y un esfuerzo considerables tanto por parte de los estudiantes como de los educadores. Sin embargo, la llegada de la inteligencia artificial (IA) ha revolucionado este panorama, ofreciendo herramientas innovadoras que hacen que la adquisición del lenguaje sea más eficiente y atractiva para los niños. Las aplicaciones de aprendizaje de idiomas impulsadas por IA ahora brindan experiencias personalizadas que se adaptan a los estilos de aprendizaje individuales, lo que ayuda a los niños a superar los desafíos y generar confianza en sus habilidades lingüísticas.

Una de las principales ventajas de utilizar la IA en el aprendizaje de idiomas es su capacidad para personalizar la experiencia de aprendizaje en función del nivel de competencia y el ritmo de aprendizaje del niño. Innumerables plataformas impulsadas por IA emplean algoritmos sofisticados para evaluar las fortalezas y debilidades de un alumno, seleccionando lecciones que se enfocan en áreas específicas de mejora. Este enfoque personalizado garantiza que los niños permanezcan comprometidos y motivados, ya que pueden progresar a través de niveles que coincidan con sus habilidades, en lugar de ser retenidos o empujados demasiado rápido a través de un plan de estudios único para todos.

Además, las herramientas de aprendizaje de idiomas de IA suelen incorporar elementos interactivos que hacen que el proceso sea agradable. Características como la gamificación, donde los ejercicios de lenguaje se presentan como juegos o desafíos, animan a los niños a practicar con más frecuencia y con mayor entusiasmo. Además, estas plataformas suelen incluir tecnología de reconocimiento de voz, lo que permite a los niños practicar la pronunciación y recibir comentarios inmediatos. Este refuerzo inmediato es fundamental para la adquisición del lenguaje, ya que ayuda a los niños a corregir errores en tiempo real y a desarrollar sus habilidades orales de manera más efectiva.

La participación de los padres es esencial para maximizar los beneficios de las herramientas de aprendizaje de idiomas impulsadas por IA. Los padres pueden desempeñar un papel activo supervisando el progreso de sus hijos a través de los análisis de la aplicación, que a menudo proporcionan información sobre el rendimiento y las áreas que necesitan atención. Interactuar con los niños durante sus sesiones de práctica lingüística también puede mejorar la experiencia de aprendizaje. Los padres pueden fomentar las discusiones sobre el nuevo vocabulario o las reglas gramaticales aprendidas, fomentando un ambiente de apoyo que refuerce el uso del lenguaje en contextos cotidianos.

A medida que la IA siga avanzando, el potencial de su aplicación en el aprendizaje de idiomas no hará más que crecer. Las tecnologías emergentes, como la realidad aumentada y los entornos inmersivos, pronto podrían ofrecer formas aún más dinámicas para que los niños practiquen idiomas en escenarios contextualmente ricos. Al adoptar estas herramientas impulsadas por IA, los padres pueden ayudar a sus hijos no solo a aprender un nuevo idioma, sino también a desarrollar un amor de por vida por el aprendizaje y la exploración. La integración de la IA en la enseñanza de idiomas representa un importante paso adelante, allanando el camino para un futuro en el que las barreras lingüísticas disminuyan y la comunicación global sea más accesible que nunca.

"La cuestión de si las máquinas pueden pensar es tan relevante como la cuestión de si los submarinos pueden nadar".
Edsger Dijkstra

Capítulo 6: Seguimiento del progreso y la participación

Seguimiento de los resultados del aprendizaje

El seguimiento de los resultados del aprendizaje es esencial para comprender la eficacia con la que su hijo se involucra con las herramientas educativas impulsadas por IA. Estas herramientas a menudo proporcionan una gran cantidad de datos que pueden ayudar a los padres a medir el progreso de sus hijos en diversas materias. Al monitorear estos resultados, puede identificar las áreas en las que su hijo sobresale y en las que puede necesitar apoyo adicional. Este enfoque basado en datos permite conversaciones más informadas con los educadores y puede guiar el viaje de aprendizaje de su hijo de manera más efectiva.

Una de las características clave de las plataformas educativas de IA es su capacidad para personalizar las experiencias de aprendizaje en función del rendimiento individual. Estas plataformas suelen ofrecer evaluaciones que pueden identificar las fortalezas y debilidades de un niño. Por ejemplo, si su hijo tiene dificultades con los conceptos matemáticos, la IA puede ajustar el plan de estudios para proporcionar ejercicios y recursos más específicos. Al revisar regularmente estas evaluaciones, los padres pueden realizar un seguimiento de las mejoras a lo largo del tiempo y celebrar los logros, fomentando la motivación y una perspectiva alegre hacia el aprendizaje.

Además de las evaluaciones formales, las herramientas de IA incorporan elementos de gamificación, que también pueden servir como indicadores de los resultados del aprendizaje. Al observar la participación de su hijo con estos elementos, puede medir su interés en temas específicos. Los altos niveles de participación a menudo se correlacionan con una mejor comprensión y retención de la información. Los padres deben tomarse el tiempo para discutir estas experiencias con sus hijos, permitiéndoles articular lo que disfrutan y los desafíos que enfrentan, mejorando así el proceso de aprendizaje.

Es crucial establecer objetivos específicos basados en los conocimientos obtenidos del seguimiento de los resultados del aprendizaje.

Por ejemplo, si su hijo ha estado trabajando en la comprensión lectora, puede intentar que complete una cierta cantidad de libros o que logre una puntuación específica en una evaluación de lectura dentro de un período determinado. Estos objetivos proporcionan claridad y un sentido de dirección en el viaje de aprendizaje de su hijo. Además, permiten a los padres proporcionar estímulos y recursos específicos, reforzando la idea de que el aprendizaje es un esfuerzo colaborativo.

Por último, mantener una línea abierta de comunicación con los maestros y educadores de su hijo es vital cuando se hace un seguimiento de los resultados del aprendizaje. Las herramientas de IA pueden proporcionar información valiosa, pero son más eficaces cuando se integran con los métodos educativos tradicionales. Las actualizaciones periódicas de los maestros pueden ayudar a contextualizar los datos y ofrecer estrategias adicionales para apoyar el aprendizaje de su hijo en casa. Al trabajar juntos, los padres y educadores pueden crear un sistema de apoyo cohesivo que maximice los beneficios de las herramientas educativas impulsadas por IA y mejore la experiencia de aprendizaje general de su hijo.

Fomentar la retroalimentación y la comunicación

Fomentar la retroalimentación y la comunicación es esencial para maximizar los beneficios de las herramientas educativas impulsadas por IA en la experiencia de aprendizaje de su hijo. Como padres, fomentar un entorno en el que pueda prosperar el diálogo abierto sobre estas herramientas no solo mejora su trayectoria educativa, sino que también les ayuda a comprender sus necesidades y preferencias. Las discusiones periódicas pueden iluminar la forma en que su hijo interactúa con las plataformas impulsadas por IA, lo que garantiza que permanezca comprometido y apoye su proceso de aprendizaje.

Un enfoque eficaz es establecer una rutina para hablar de las experiencias de su hijo con las herramientas de IA. Podría ser una revisión semanal en la que hagas preguntas abiertas sobre lo que aprendieron, lo que disfrutaron y los desafíos que enfrentaron. Alentar a su hijo a articular sus pensamientos promueve el pensamiento crítico y la autorreflexión, componentes clave de una experiencia de aprendizaje exitosa. Al escuchar activamente sus comentarios, no solo valida sus sentimientos, sino que también obtiene información valiosa sobre cómo las herramientas están impactando su educación.

Otro aspecto crítico para fomentar la retroalimentación es modelar habilidades de comunicación efectivas. Demuestre cómo proporcionar comentarios constructivos compartiendo sus observaciones sobre el uso que hacen de las herramientas de IA. Por ejemplo, si su hijo tuvo dificultades con un concepto específico, discuta maneras de abordarlo de manera diferente. Esto crea un espacio seguro para que expresen sus dificultades y éxitos, reforzando la idea de que la retroalimentación es una parte valiosa del proceso de aprendizaje. A medida que ven que participas en un diálogo constructivo, es más probable que reflejen estos comportamientos en sus interacciones contigo y con la tecnología.

Además de las conversaciones directas, considere aprovechar la tecnología para facilitar la retroalimentación. Las herramientas educativas de IA proporcionan funciones integradas para realizar un seguimiento del progreso y proporcionar informes. Anime a su hijo a compartir estas ideas con usted, discutiendo lo que significan y cómo pueden guiar el aprendizaje futuro. Esto no solo le ayuda a mantenerse informado sobre el desarrollo de su hijo, sino que también lo empodera para que se haga cargo de su aprendizaje. Comprender su progreso a través de los datos puede motivarlos y fomentar un enfoque de iniciativa en su educación.

Por último, el fomento de una cultura de retroalimentación va más allá de la dinámica padre-hijo. Anime a su hijo a comunicarse con sus maestros o mentores sobre sus experiencias con las herramientas de IA. Esto puede conducir a un enfoque colaborativo del aprendizaje, en el que los educadores pueden ajustar sus métodos en función de los comentarios de los estudiantes. Al promover líneas abiertas de comunicación, ayuda a crear un entorno de aprendizaje más receptivo y personalizado, asegurando que las herramientas educativas impulsadas por IA sirvan como ayudas efectivas en el viaje académico de su hijo.

Ajuste de las herramientas en función del rendimiento

Ajustar las herramientas en función del rendimiento es esencial para maximizar los beneficios de los recursos educativos impulsados por IA en el viaje de aprendizaje de su hijo. Como padres, es importante reconocer que no todas las herramientas producirán los mismos resultados para todos los niños. Los niños poseen estilos de aprendizaje, preferencias y ritmos únicos, que pueden influir significativamente en la forma en que se relacionan con las tecnologías educativas. Al monitorear el rendimiento y los niveles de participación de su hijo, puede tomar decisiones informadas sobre qué herramientas continuar usando, cuáles necesitan ajustes y cuáles pueden necesitar ser reemplazadas por completo.

Una estrategia eficaz para ajustar las herramientas educativas consiste en evaluar regularmente el progreso de su hijo. Las plataformas impulsadas por IA están equipadas con análisis que rastrean los resultados del aprendizaje, las métricas de participación e incluso las respuestas emocionales a diversas tareas. Al revisar estos conocimientos, puede identificar las áreas en las que su hijo sobresale y en las que puede tener dificultades. Por ejemplo, si una aplicación de matemáticas en particular muestra que su hijo obtiene sistemáticamente una puntuación baja en los módulos de resolución de problemas, puede ser el momento de explorar recursos adicionales o modificar la herramienta existente para que se adapte mejor a sus necesidades.

La retroalimentación de su hijo es otro componente crítico para ajustar las herramientas en función del rendimiento. Entablar conversaciones abiertas sobre sus experiencias con diferentes tecnologías educativas puede proporcionar información valiosa. Haga preguntas sobre lo que disfrutan, lo que los frustra y cómo se sienten acerca de su progreso de aprendizaje. Esta retroalimentación no solo empodera a su hijo, sino que también lo ayuda a adaptar las herramientas educativas para alinearlas con sus intereses y motivaciones. Si su hijo no está conectado con una aplicación de lectura, por ejemplo, podría valer la pena considerar plataformas alternativas o incorporar más funciones interactivas para reavivar su interés.

Además, la flexibilidad es clave a la hora de adaptar las herramientas educativas. A medida que las necesidades de aprendizaje de su hijo evolucionan, también deberían evolucionar los recursos que usted proporciona. Esto podría significar la transición a plataformas más avanzadas a medida que adquieren habilidades u optar por herramientas que se centren en diferentes temas para brindar una experiencia educativa completa. Mantenerse informado sobre las últimas innovaciones en educación impulsada por IA también puede guiar sus decisiones, asegurándose de que está utilizando las herramientas más efectivas disponibles. La exploración continua y la voluntad de adaptación pueden mejorar significativamente la experiencia de aprendizaje de su hijo.

Por último, la colaboración con los educadores puede mejorar su capacidad para ajustar las herramientas en función del rendimiento. Los maestros a menudo tienen ideas sobre estrategias y recursos efectivos que se alinean con los estándares del currículo y las necesidades de su hijo. Al comunicarse con los educadores de su hijo, puede obtener recomendaciones de herramientas complementarias o ajustes a las existentes, lo que garantiza un enfoque cohesivo del aprendizaje tanto en casa como en el aula. Esta colaboración ayuda a crear un entorno de aprendizaje de apoyo que promueve el crecimiento académico y la confianza de su hijo, transformando en última instancia su experiencia educativa mediante el uso eficaz de la tecnología de IA.

Capítulo 7: Creación de un enfoque equilibrado

Limitar el tiempo frente a la pantalla

Limitar el tiempo frente a la pantalla es un aspecto esencial para fomentar un entorno de aprendizaje saludable para los niños, especialmente en una época en la que las herramientas educativas impulsadas por la IA están cada vez más integradas en la vida diaria. Si bien estas herramientas ofrecen importantes beneficios educativos, es crucial que los padres establezcan pautas que eviten la exposición excesiva a la pantalla. Las investigaciones indican que el tiempo prolongado frente a la pantalla puede provocar diversos problemas de desarrollo, como problemas de atención, sueño e interacciones sociales. Por lo tanto, establecer límites en torno al uso de la pantalla no solo es beneficioso, sino necesario para un enfoque equilibrado del aprendizaje.

Para limitar eficazmente el tiempo frente a la pantalla, los padres deben empezar por entender las directrices recomendadas para los diferentes grupos de edad. La Academia

Estadounidense de Pediatría sugiere que los niños de 2 a 5 años no deben tener más de una hora de programación de alta calidad al día, mientras que los niños de 6 años o más deben tener límites constantes en el tiempo de pantalla para asegurarse de que no interfiera con el sueño, la actividad física y otros comportamientos saludables. Al seguir estas recomendaciones, los padres pueden crear un entorno estructurado que promueva tanto el uso de herramientas de IA para el aprendizaje como la importancia de las actividades fuera de línea.

La incorporación de límites de tiempo de pantalla en las rutinas diarias se puede lograr a través de varias estrategias. Un método eficaz es desarrollar un plan familiar de medios de comunicación que describa cuándo y cómo se usarán las pantallas. Este plan debe considerar los objetivos educativos, el tiempo libre y las actividades familiares. Designar momentos específicos para el uso de herramientas educativas impulsadas por IA, como tareas o sesiones de estudio, puede ayudar a garantizar que la tecnología cumpla su propósito previsto sin invadir las interacciones familiares o el tiempo de juego físico. Además, los padres pueden fomentar métodos de aprendizaje alternativos, como la lectura, proyectos de primera mano o actividades al aire libre, para complementar el uso de la tecnología.

Controlar el contenido que consumen los niños es igualmente importante a la hora de limitar el tiempo frente a la pantalla. Los padres deben interactuar con sus hijos discutiendo las herramientas educativas que utilizan y explorando el material juntos. Esto no solo refuerza la experiencia de aprendizaje, sino que también brinda la oportunidad de enseñar habilidades de pensamiento crítico sobre la información que se encuentra en línea. Al participar activamente en la educación digital de sus hijos, los padres pueden comprender mejor los beneficios y los posibles inconvenientes de los recursos de IA, fomentando un enfoque más equilibrado del uso de la tecnología.

Por último, es fundamental modelar hábitos saludables frente a la pantalla como padres. Los niños a menudo emulan el comportamiento de sus padres, por lo que demostrar un uso responsable de la pantalla puede tener un profundo impacto en su comprensión del equilibrio. Priorizar el tiempo en familia sin pantallas, participar en pasatiempos fuera de línea y establecer límites personales en el uso de la tecnología pueden servir como ejemplos poderosos para los niños. Al trabajar juntos como familia para establecer y respetar los límites del tiempo frente a la pantalla, los padres pueden cultivar un entorno en el que las herramientas educativas impulsadas por la IA mejoren el aprendizaje en lugar de dominarlo.

Combinar el aprendizaje tradicional con la IA

Como padres, comprender el potencial de combinar los métodos de aprendizaje tradicionales con la inteligencia artificial (IA) puede mejorar significativamente la experiencia educativa de su hijo. El aprendizaje tradicional ha sido durante mucho tiempo la piedra angular de la educación, centrándose en planes de estudio estructurados, instrucción dirigida por el maestro y objetivos de aprendizaje bien definidos. Sin embargo, la introducción de herramientas impulsadas por IA en este marco puede crear un entorno de aprendizaje más personalizado y adaptable. Esta integración permite experiencias educativas personalizadas que se adaptan al estilo de aprendizaje, el ritmo y los intereses únicos de su hijo, fomentando un compromiso más profundo con el material.

Una de las ventajas más significativas de la IA en la educación es su capacidad para analizar datos y proporcionar comentarios en tiempo real. El aprendizaje tradicional a menudo se basa en evaluaciones periódicas para medir el progreso del estudiante, que a veces puede pasar por alto los matices del viaje de aprendizaje de un niño. Las herramientas de IA pueden supervisar continuamente el rendimiento, identificar las áreas en las que un niño puede tener dificultades y ofrecer intervenciones inmediatas. Por ejemplo, si un niño tiene dificultades con un concepto matemático en particular, las plataformas impulsadas por IA pueden proporcionar recursos adicionales, problemas de práctica o incluso explicaciones alternativas adaptadas a la comprensión de ese niño. Esta capacidad de respuesta inmediata puede ayudar a reforzar los esfuerzos de enseñanza tradicionales y garantizar que ningún niño se quede atrás.

Además, la integración de la IA puede apoyar el aprendizaje tradicional al mejorar el plan de estudios con contenido interactivo y atractivo. Las herramientas educativas de IA incorporan gamificación, cuestionarios personalizados y recursos multimedia que transforman las lecciones estándar en experiencias de aprendizaje cautivadoras. Por ejemplo, una lección de historia puede enriquecerse con líneas de tiempo interactivas o experiencias de realidad virtual que permitan a los niños explorar eventos históricos de una manera más inmersiva. Al fusionar estos elementos atractivos con el contenido tradicional, es más probable que los niños retengan el conocimiento y desarrollen un interés genuino en las materias que están estudiando.

La colaboración es otra área en la que la fusión del aprendizaje tradicional y la IA puede ser beneficiosa. Las aulas a menudo enfatizan el trabajo en grupo y el aprendizaje entre pares, que son esenciales para desarrollar habilidades sociales y trabajo en equipo. Las herramientas de IA pueden facilitar esto al conectar a los estudiantes con intereses similares o habilidades complementarias, lo que les permite colaborar en proyectos o grupos de estudio independientemente de su ubicación física. Esto no solo mejora la experiencia de aprendizaje, sino que también prepara a los niños para un futuro en el que la colaboración a través de plataformas digitales es cada vez más frecuente. Los padres pueden animar a sus hijos a aprovechar estas herramientas sin dejar de valorar la importancia de las interacciones en persona y el trabajo en equipo.

Finalmente, como padres, es crucial permanecer activamente involucrados en el viaje educativo de su hijo. Si bien las herramientas de IA pueden proporcionar un apoyo significativo, deben complementar, no reemplazar, los métodos de aprendizaje tradicionales. Interactuar con su hijo sobre el uso de la IA en la educación puede fomentar debates sobre lo que está aprendiendo y cómo prefiere aprender. Al mantener un diálogo abierto, los padres pueden ayudar a sus hijos a desarrollar un enfoque equilibrado de la educación que valore tanto los métodos tradicionales como las tecnologías innovadoras. Esta asociación entre padres, niños y herramientas impulsadas por IA puede crear un entorno de aprendizaje holístico que prepare a los niños para el éxito en un mundo cada vez más digital.

Cómo combinar el aprendizaje tradicional con herramientas de IA para niños en casa

En la era digital actual, la Inteligencia Artificial (IA) está revolucionando la educación, ofreciendo nuevas formas de mejorar el aprendizaje. Sin embargo, los métodos de aprendizaje tradicionales, como la lectura de libros físicos, la escritura a mano y las actividades manuales, siguen siendo esenciales para el desarrollo cognitivo. La clave es encontrar el equilibrio adecuado entre las técnicas educativas clásicas y las herramientas de IA de vanguardia para crear una experiencia de aprendizaje completa para los niños.

Así es como los padres pueden combinar eficazmente el aprendizaje tradicional con la IA en casa:

1. Refuerce la lectura y la escritura con la asistencia de la IA

Método tradicional:

📖 Anime a los niños a leer libros físicos y a practicar la escritura a mano.

✍️ Pídales que redacten historias o entradas de diario a mano.

Integración de IA:

Utiliza herramientas de IA como ChatGPT o Storybird para generar sugerencias de escritura creativas.

Prueba aplicaciones de conversión de voz a texto (como Google Docs Voice Typing) para ayudar a los escritores con dificultades a expresar ideas antes de escribirlas.

Aplicaciones como Khan Academy Kids pueden recomendar libros en función del nivel de lectura y, al mismo tiempo, fomentar la lectura fuera de línea.

Papel de los padres:

✅ Establezca una rutina, por ejemplo, 30 minutos de lectura de un libro físico, luego 15 minutos de escritura asistida por IA.

✅ Discutan juntos las ideas generadas por la IA para mejorar la comprensión.

2. Mejore las habilidades matemáticas con IA y práctica

Método tradicional:

🔢 Use tarjetas didácticas, ábaco u hojas de trabajo físicas para practicar aritmética.

📐 Resolver problemas matemáticos del mundo real (por ejemplo, medir ingredientes mientras se cocina).

Integración de IA:

Aplicaciones como Photomath escanean problemas escritos a mano y explican las soluciones paso a paso.

Prodigy Math Game adapta la dificultad según el nivel del niño mientras mantiene el aprendizaje divertido.

Coding with Scratch ayuda a los niños a aplicar conceptos matemáticos en proyectos interactivos.

Papel de los padres:

✅ Comience con métodos tradicionales, luego use la IA para verificar las respuestas o explorar conceptos avanzados.

✅ Combine el aprendizaje digital y físico, por ejemplo, resuelva primero los problemas en papel y luego verifíquelos con una herramienta de IA.

3. Combina los experimentos científicos con la exploración de la IA

Método tradicional:

🔬 Realice experimentos modestos en casa (erupciones volcánicas, seguimiento del crecimiento de las plantas).

🌍 Usa globos terráqueos, mapas y enciclopedias para geografía y biología.

Integración de IA:

La aplicación Science Journal de Google registra y analiza los datos de los experimentos (por ejemplo, para medir la luz o el sonido).

Las herramientas impulsadas por IA, como Cognimates, permiten a los niños entrenar sus propios modelos de aprendizaje automático (por ejemplo, identificar especies de plantas).

Las simulaciones de laboratorio virtual (por ejemplo, Labster) proporcionan experiencias científicas interactivas.

Papel de los padres:

✅ Comience con un experimento del mundo real y, a continuación, utilice la IA para analizar los resultados.

✅ Anime a los niños a hacer preguntas de IA (p. ej., "¿Por qué entró en erupción el volcán de bicarbonato de sodio?") y a discutir las respuestas juntos.

4. Combina el arte y la creatividad con la inspiración de la IA

Método tradicional:

🎨 Dibujo, pintura y manualidades con materiales físicos.

✂️ Construcción de modelos con arcilla, LEGO o materiales reciclados.

Integración de IA:

DALL·E o Canva for Kids genera arte de IA para inspirarse antes de dibujar.

Boomy AI ayuda a componer música, que los niños pueden tocar con instrumentos reales.

Las aplicaciones de animación stop-motion (como Stop Motion Studio) dan vida a las creaciones hechas a mano.

Papel de los padres:

✅ Usa el arte generado por IA como sugerencia ("¿Puedes dibujar tu propia versión de esto?").

✅ Anime a los niños a mezclar la creatividad digital y física (p. ej., diseñar un personaje con IA y luego esculpirlo con arcilla).

5. Desarrollar el pensamiento crítico con IA y discusiones del mundo real

Método tradicional:

🗣️ Debates familiares, juegos de mesa y rompecabezas.

📰 Leer periódicos o libros de historia juntos.

Integración de IA:

Usa ChatGPT (con supervisión) para debatir temas o simular conversaciones históricas.

Las aplicaciones de cuestionarios de IA (como Quizlet) refuerzan los hechos a través de tarjetas didácticas interactivas.

Los robots de codificación (LEGO Mindstorms) enseñan lógica a través de la programación práctica.

Papel de los padres:

✅ Compara las respuestas de la IA con fuentes reales: enséñales a los niños a verificar los hechos.

✅ Discuta preguntas éticas: "¿Debería la IA hacer la tarea por nosotros? ¿Por qué sí o por qué no?

6. Equilibra el tiempo frente a la pantalla con el aprendizaje fuera de línea

Si bien la IA es poderosa, pasar demasiado tiempo frente a la pantalla puede ser contraproducente. A continuación, le indicamos cómo mantener el equilibrio:

✔ Establezca un horario, por ejemplo, 30 minutos de aprendizaje de IA, luego 30 minutos de lectura o juego práctico.

✔ Use la IA como un complemento, no como un reemplazo: anime a los niños a resolver problemas manualmente primero.

✔ Fomente el aprendizaje social y al aire libre: visite bibliotecas, museos o centros de ciencias para reforzar las lecciones digitales.

Reflexiones finales
El mejor aprendizaje se produce cuando los métodos tradicionales y las herramientas de IA trabajan juntos. Al combinar actividades prácticas con tecnología inteligente, los padres pueden crear una educación dinámica, atractiva y equilibrada para sus hijos.
Puntos clave:
  ◆ Utilice la IA para mejorar, no para reemplazar, el aprendizaje tradicional.
  ◆ Fomente el pensamiento crítico comparando las respuestas de la IA con el conocimiento del mundo real.
  ◆ Mantenga un equilibrio saludable entre las actividades digitales y fuera de línea.

Fomentar la actividad física y la interacción social

En la era digital actual, fomentar la actividad física y la interacción social entre los niños es más crucial que nunca. Si bien las herramientas educativas impulsadas por IA ofrecen innumerables beneficios para mejorar las experiencias de aprendizaje, pueden contribuir inadvertidamente a un estilo de vida sedentario si no se equilibran con actividades activas. Los padres desempeñan un papel vital a la hora de guiar a sus hijos para que integren estas herramientas en una rutina diaria completa que dé prioridad tanto a la educación como al bienestar físico. Fomentar un estilo de vida que equilibre el tiempo frente a la pantalla con el juego activo puede mejorar significativamente el desarrollo general de los niños.

Las tecnologías de IA se pueden utilizar para crear entornos atractivos que promuevan la actividad física. Por ejemplo, los juegos educativos interactivos que requieren movimiento, como las aplicaciones de realidad aumentada, pueden animar a los niños a explorar su entorno mientras aprenden. Estas herramientas pueden transformar las tareas de aprendizaje mundanas en emocionantes aventuras, motivando a los niños a moverse, interactuar con sus compañeros y sumergirse en su entorno. Al seleccionar herramientas de IA que incorporan el movimiento físico, los padres pueden asegurarse de que sus hijos permanezcan activos mientras se benefician de la tecnología.

Además, la interacción social es un aspecto crítico del desarrollo infantil que puede fomentarse mediante el uso intencionado de herramientas de IA. Las plataformas virtuales pueden facilitar las conexiones entre niños que comparten intereses similares, permitiéndoles colaborar en proyectos o participar en concursos amistosos. Los padres pueden animar a sus hijos a utilizar estas plataformas para formar grupos de estudio o participar en retos en línea que promuevan el trabajo en equipo y las habilidades sociales. Al guiar a los niños en el uso de la tecnología para construir relaciones, los padres pueden ayudarlos a desarrollar habilidades interpersonales vitales y, al mismo tiempo, mejorar sus experiencias de aprendizaje.

También es esencial que los padres establezcan límites y creen horarios estructurados que equilibren el tiempo frente a la pantalla con la actividad física y la participación social. Designar horarios específicos para el uso de herramientas educativas de IA y, al mismo tiempo, garantizar tiempo suficiente para actividades al aire libre, deportes o juegos familiares puede ayudar a los niños a desarrollar un estilo de vida saludable. Involucrar a los niños en el proceso de planificación puede empoderarlos para que asuman la responsabilidad de su salud física y sus interacciones sociales. Al establecer estas rutinas, los padres pueden cultivar un entorno en el que la tecnología complemente en lugar de reemplazar el juego activo y la interacción social.

Por último, predicar con el ejemplo es una de las formas más eficaces en que los padres pueden fomentar la actividad física y la interacción social. Cuando los niños ven a sus padres participando en actividades activas, ya sea salir a caminar, practicar deportes o participar en eventos comunitarios, es más probable que emulen esos comportamientos. Los padres también pueden organizar actividades familiares que impliquen tanto movimiento físico como participación social, como salidas grupales a parques o eventos deportivos. Al integrar estos elementos en la vida cotidiana, los padres pueden crear una atmósfera positiva que valore la salud, la actividad y la conexión, enriqueciendo en última instancia la experiencia de aprendizaje de sus hijos de manera holística.

"La inteligencia artificial es el futuro, y el futuro está aquí".
Fei-Fei Li

Capítulo 8: El futuro de la IA en la educación

Tendencias emergentes en el aprendizaje de IA

El panorama de la inteligencia artificial en la educación está evolucionando rápidamente, dando lugar a herramientas y metodologías innovadoras que están remodelando la forma en que los niños aprenden. Una de las tendencias emergentes más significativas es la integración de tecnologías de aprendizaje adaptativo. Estos sistemas aprovechan los algoritmos de IA para evaluar el estilo y el ritmo de aprendizaje únicos de un niño, adaptando el contenido educativo en consecuencia. Esta personalización no solo mejora la participación, sino que también fomenta una comprensión más profunda de los temas, ya que el material se presenta de una manera que resuena con el alumno individual. Como padres, reconocer los beneficios del aprendizaje adaptativo puede ayudarlos a guiar a su hijo hacia recursos que satisfagan sus necesidades específicas.

Otra tendencia destacable es el auge de la gamificación en las plataformas educativas. Al incorporar elementos similares a los de un juego, como recompensas, desafíos y escenarios interactivos, estas herramientas transforman el aprendizaje tradicional en una experiencia atractiva. Este enfoque aprovecha la inclinación natural de los niños hacia el juego, haciendo que los conceptos complejos sean más accesibles y agradables. Como padre, fomentar el uso de herramientas de aprendizaje gamificadas puede motivar a su hijo a abrazar temas difíciles con entusiasmo, al mismo tiempo que promueve el pensamiento crítico y las habilidades de pensamiento crítico en un entorno divertido.

La analítica impulsada por la IA también está ganando terreno en los entornos educativos, proporcionando información valiosa sobre el progreso de un niño. Estos análisis pueden realizar un seguimiento de las métricas de rendimiento, identificar áreas de dificultad y sugerir intervenciones específicas. Para los padres, estos datos ofrecen una imagen más clara del viaje de aprendizaje de sus hijos y pueden informar las discusiones con los maestros sobre estrategias personalizadas para mejorar. Comprender cómo interpretar estos análisis puede empoderarlo para desempeñar un papel de iniciativa en la educación de su hijo, asegurándose de que reciba el apoyo que necesita para tener éxito.

Las herramientas de colaboración impulsadas por IA son otra tendencia emergente que mejora las experiencias de aprendizaje. Estas plataformas facilitan la comunicación entre estudiantes, maestros y padres, lo que permite un enfoque más integrado de la educación. Con características como la retroalimentación en tiempo real y los proyectos colaborativos, los niños pueden desarrollar habilidades sociales esenciales y habilidades de trabajo en equipo. Al alentar a su hijo a participar en estos entornos de aprendizaje colaborativo, puede ayudarlo a construir un sentido de comunidad y conexión, que es vital para su desarrollo emocional e intelectual.

Por último, el uso de la realidad virtual y aumentada en la educación va en aumento, proporcionando experiencias inmersivas que pueden enriquecer el aprendizaje. Estas tecnologías permiten a los niños explorar temas complejos de primera mano, como la realización de experimentos científicos virtuales o la exploración de sitios históricos. Como padre, puede explorar herramientas educativas de realidad virtual y realidad aumentada que se alineen con los intereses de su hijo, lo que hace que el aprendizaje sea una aventura emocionante. Adoptar estas tendencias emergentes en el aprendizaje de la IA puede equipar a su hijo con las habilidades y el conocimiento necesarios para tener éxito en un mundo que cambia rápidamente.

Preparar a los niños para un mundo impulsado por la IA

Preparar a los niños para un mundo impulsado por la IA implica equiparlos con las habilidades y los conocimientos necesarios para navegar y prosperar en un panorama cada vez más tecnológico. Los padres juegan un papel crucial en este proceso, ya que pueden guiar a sus hijos en la comprensión de las implicaciones de la inteligencia artificial para su educación y futuras carreras. Es esencial fomentar una mentalidad que adopte la tecnología y, al mismo tiempo, fomente el pensamiento crítico y la creatividad. Este enfoque equilibrado preparará a los niños no solo para usar las herramientas de IA de manera efectiva, sino también para cuestionar y comprender su impacto.

Uno de los aspectos fundamentales de la preparación de los niños para un mundo impulsado por la IA es introducirlos en el concepto de IA en sí. Los padres pueden empezar por entablar conversaciones que desmitifiquen la inteligencia artificial y sus aplicaciones en la vida cotidiana. Por ejemplo, analizar cómo la IA impulsa los asistentes virtuales, los sistemas de recomendación e incluso el software educativo puede ayudar a los niños a ver la relevancia de estas tecnologías. Al hacer que estos conceptos sean accesibles, los padres pueden despertar la curiosidad y animar a sus hijos a explorar cómo la IA afecta a diversos campos, desde la atención sanitaria hasta el entretenimiento.

La incorporación de herramientas educativas impulsadas por IA en las rutinas diarias de aprendizaje también puede mejorar significativamente la experiencia educativa de un niño. Los padres deben evaluar las diferentes plataformas educativas que utilizan la IA para adaptar las experiencias de aprendizaje a las necesidades individuales. Estas herramientas a menudo se adaptan al ritmo y estilo de aprendizaje de un niño, proporcionando retroalimentación personalizada que puede acelerar la comprensión. Al participar activamente en este proceso de aprendizaje, los padres pueden ayudar a sus hijos a desarrollar la adaptabilidad y las habilidades de aprendizaje autodirigido, que son vitales en un mundo en el que la IA evoluciona continuamente.

Además, fomentar una cultura de indagación y experimentación en casa puede preparar a los niños para las complejidades de un entorno impulsado por la IA. Animarles a hacer preguntas, experimentar con herramientas de IA e incluso participar en actividades de codificación o robótica puede nutrir sus habilidades para resolver problemas. Los padres pueden apoyar esto proporcionando recursos como libros, cursos en línea o talleres que se centren en la tecnología y la codificación. Esta experiencia directa no solo desarrolla habilidades técnicas, sino que también mejora la creatividad y la resiliencia, preparando a los niños para enfrentar los desafíos de manera innovadora.

Por último, es crucial hacer hincapié en las consideraciones éticas que rodean a la IA. A medida que los niños se vuelven más expertos en el uso de herramientas de IA, los padres deben involucrarlos en discusiones sobre la privacidad, los prejuicios y los impactos sociales de la tecnología. Enseñar a los niños a pensar críticamente sobre estos temas no solo los preparará para ser usuarios responsables de la IA, sino que también los empoderará para contribuir a los debates sobre el futuro de la tecnología. Al inculcar un sentido de responsabilidad y conciencia ética, los padres pueden ayudar a crear una generación que no solo sea hábil en tecnología, sino que también sea consciente de sus implicaciones.

Mantenerse informados e involucrados como padres

Mantenerse informados e involucrados como padres en el contexto de las herramientas educativas impulsadas por la IA es crucial para fomentar un entorno de aprendizaje de apoyo para los niños. La rápida evolución de la tecnología presenta tanto oportunidades como desafíos. Los padres deben educarse sobre las herramientas y recursos disponibles para sus hijos, entendiendo cómo funcionan estas tecnologías y sus implicaciones para el aprendizaje. Al familiarizarse con las aplicaciones y plataformas impulsadas por IA, los padres pueden guiar mejor a sus hijos en la selección de herramientas adecuadas que mejoren sus experiencias educativas.

La participación activa en el proceso de aprendizaje de un niño es esencial cuando se utilizan herramientas de IA. Los padres deben entablar conversaciones sobre lo que sus hijos están aprendiendo y cómo se están integrando las tecnologías de IA en su educación. Esto puede implicar hacer preguntas sobre las aplicaciones específicas que se utilizan, el contenido que se explora y las habilidades que se desarrollan. Al mostrar interés y curiosidad, los padres no solo refuerzan el valor de la educación, sino que también alientan a sus hijos a articular sus experiencias de aprendizaje, fomentando el pensamiento crítico y las habilidades de comunicación.

Además de la participación directa, los padres también deben buscar recursos y comunidades que se centren en la IA en la educación. Los foros en línea, los seminarios web y los talleres locales pueden proporcionar información valiosa sobre los últimos desarrollos en tecnología educativa. La creación de redes con otros padres y educadores puede crear un sistema de apoyo en el que se comparten experiencias y conocimientos. Al conectarse con una comunidad dedicada a navegar por las complejidades de la IA en la educación, los padres pueden mantenerse actualizados sobre las mejores prácticas y las tendencias emergentes, asegurándose de que estén bien equipados para apoyar el aprendizaje de sus hijos.

El seguimiento de la eficacia de las herramientas educativas de IA es otro aspecto vital de la participación de los padres. Los padres deben evaluar regularmente cómo estas herramientas afectan los resultados de aprendizaje, los niveles de participación y el progreso académico general de sus hijos. Esto puede implicar la revisión de los informes o la retroalimentación proporcionada por las herramientas, así como discutir el desempeño con los maestros. Tomar la iniciativa en la evaluación de las herramientas garantiza que los padres puedan tomar decisiones informadas sobre su uso continuo y puedan abogar por las necesidades de sus hijos si una tecnología en particular no les está sirviendo bien.

Por último, es esencial fomentar un diálogo abierto sobre el uso de la tecnología en el hogar. Los padres deben animar a sus hijos a expresar sus pensamientos y sentimientos sobre las herramientas de IA en las que participan, promoviendo una comprensión crítica del papel de la tecnología en sus vidas. Discutir el equilibrio entre el tiempo de pantalla y otras actividades, enseñar a los niños sobre la ciudadanía digital y el uso responsable de la tecnología, los prepara para el futuro. Al mantenerse informados e involucrados, los padres pueden desempeñar un papel fundamental para garantizar que las herramientas educativas impulsadas por IA contribuyan positivamente a la experiencia de aprendizaje de sus hijos, sentando las bases para el aprendizaje permanente y la adaptabilidad en un mundo cada vez más digital.

"La medida de la inteligencia es la capacidad de cambiar".
Albert Einstein

El Autor

Juan Ramón Rodulfo Moya, **definido por la naturaleza**: habitante del planeta Tierra, humano, hijo de Eladio Rodulfo y Briceida Moya, hermano de Gabriela, Gustavo y Katiuska, padre de Gabriel y Sofía; **Definido por la sociedad**: Ciudadano Venezolano (Derechos Humanos Limitados por defecto), Amigo de muchos, Enemigo de pocos, Vecino, Estudiante/Profesor/Estudiante, Trabajador/Supervisor/Gerente/Líder/Trabajador, Esposo de K/Ex-Esposo de K/Esposo de Y; **Definido por la Oficina de Inmigración de los Estados Unidos**: Extranjero Legal; **Estudios presenciales**: Maestría en Gestión de Recursos Humanos, inglés, chino mandarín; **Estudios del Mundo Real**: Comportamiento Humano; **Home Studios**: SEO Webmaster, Diseño Gráfico, Desarrollo de Aplicaciones y Sitios Web, Marketing en Internet y Redes Sociales, Producción de Video, Branding de YouTube, Parte 107 Piloto de Drones Comerciales, Importación-Exportación, Marketing de Afiliación, Cocina, Lavandería, Limpieza del Hogar; **Experiencia laboral**: Sectores Público-Privado-Empresarial; **Otras definiciones:** Evangelista de Bitcoin,

Defensor de los Derechos Humanos, de la Paz y del Amor.

Publicaciones:

Libros:

- Por qué Maslow: Cómo usar su teoría para permanecer en el poder para siempre (EN/SP)
- Solicitantes de asilo (EN/SP)
- Manual para gorilas: 9 reglas para ser el dictador "Fer-pect" (EN/SP)
- Por qué debe jugar a la lotería (EN/SP); Oprima #2: Hablando español en tiempos de xenofobia (EN/SP)
- Causa de la muerte: IGNORANCIA | Comportamiento humano en tiempos de pánico (ES/SP)
- Explicación de la política para los Millennials, GENs XYZ y futuras generaciones (EN/SP)
- Las cenizas del Ejército Libertador (EN/SP)
- Permanecer en silencio: El único derecho que tenemos. Los Extranjeros legales (EN/SP)
- Coaching de galletas de la fortuna 88 consejos motivacionales hechos de galletas de la fortuna, Vol I (ES)
- Cuentos Eróticos de Vicky, Vol I (ES)

Blogs:

Noticias de Nueva Esparta, Ubuntu Café, Coffee Secrets, Guaripete Pro, Rodulfox, Red Wasp Drone, Barista Pro, Gorila Travel, Fortune Cookie Coach, All Books, Vicky Toys.

Producciones Audiovisuales:

Podcasts:

Café Ubuntu | Cuentos eróticos de Vicky | Entrenador de galletas de la fortuna | Todos los libros, disponibles en: juanrodulfo.com/podcasts

Música:

Álbumes: Margarita | Carrera hacia la extinción | Panda relajado | Amazonía | Casiopea | Caracas | Arcoiris Musical | Cierra los ojos, disponible en: juanrodulfo.com/music

Fotografía y Video:

A la venta en Adobe Stock, iStock, Shutterstock y Veectezy, disponible en: juanrodulfo.com/gallery

Perfiles de redes sociales:

Twitter / FB / Instagram / TikTok / VK / LinkedIn / Sina Weibo: @rodulfox
Google Autor: https://g.co/kgs/grjtN5
Google Artist: https://g.co/kgs/H7Fiqg
Twitter: https://twitter.com/rodulfox
Facebook: https://facebook.com/rodulfox
LinkedIn: https://www.linkedin.com/in/rodulfox
Instagram: https://www.instagram.com/rodulfox/
VK: https://vk.com/rodulfox
TikTok: https://www.tiktok.com/@rodulfox
Vista comercial: https://www.tradingview.com/u/rodulfox/

Tabla de contenidos

Introducción 5

Capítulo 1: Comprender la IA en la educación 10

Cómo la IA está cambiando el aprendizaje 10

El papel de los padres en la educación de la IA 13

Capítulo 2: Elección de las herramientas de IA adecuadas 18

Evaluación de aplicaciones educativas 18

Plataformas para el aprendizaje personalizado 21

Consideraciones de seguridad y privacidad ... 24

Herramientas de IA divertidas y educativas para que los niños las usen en casa 27

1. Asistentes de aprendizaje impulsados por IA 28

2. Herramientas creativas de IA para niños 29

3. Codificación de IA y robótica para niños 30

4. Ayudantes de narración y escritura de IA 32

Consejos de seguridad para los padres que usan la IA con los niños: 32

Capítulo 3: Integración de la IA en el aprendizaje diario 34

Configuración de un entorno de aprendizaje .34
Establecer una rutina con herramientas de IA 37
Fomentar el aprendizaje independiente 40
    Capítulo 4: Mejorar el aprendizaje con IA 44
Experiencias de aprendizaje interactivas 44
Uso de la IA para la ayuda con los deberes 47
Gamificación y aprendizaje 50
    Capítulo 5: Apoyo a las diversas necesidades de aprendizaje 54
IA para diferentes estilos de aprendizaje 54
Abordando las Necesidades Educativas Especiales 57
Aprendizaje de idiomas con IA 60
    Capítulo 6: Seguimiento del progreso y la participación 65
Seguimiento de los resultados del aprendizaje 65
Fomentar la retroalimentación y la comunicación 68
Ajuste de las herramientas en función del rendimiento 71
    Capítulo 7: Creación de un enfoque equilibrado 75
Limitar el tiempo frente a la pantalla 75
Combinar el aprendizaje tradicional con la IA 78
Cómo combinar el aprendizaje tradicional con herramientas de IA para niños en casa 82

1. Refuerce la lectura y la escritura con la asistencia de la IA 82
2. Mejore las habilidades matemáticas con IA y práctica 83
3. Combina los experimentos científicos con la exploración de la IA 84
4. Combina el arte y la creatividad con la inspiración de la IA 85
5. Desarrollar el pensamiento crítico con IA y discusiones del mundo real 86
6. Equilibra el tiempo frente a la pantalla con el aprendizaje fuera de línea 87
Fomentar la actividad física y la interacción social 88
Capítulo 8: El futuro de la IA en la educación 93
Tendencias emergentes en el aprendizaje de IA 93
Preparar a los niños para un mundo impulsado por la IA 96
Mantenerse informados e involucrados como padres 99
El Autor 105
Publicaciones: 106
Libros: 106
Blogs: 107
Producciones Audiovisuales: 107

Podcasts: 107
Música: 107
Fotografía y Video: 107
Perfiles de redes sociales: 108

www.ingramcontent.com/pod-product-compliance
Lightning Source LLC
LaVergne TN
LVHW052245070526
838201LV00113B/349/J